Ein Monat voller Wunder

Der Ramadan-Kalender für Kinder Entdecke
die Schönheit des Islam jeden Tag.

Muhammad Zahra

Einführung

Willkommen beim Ramadan-Kalender für Kinder!

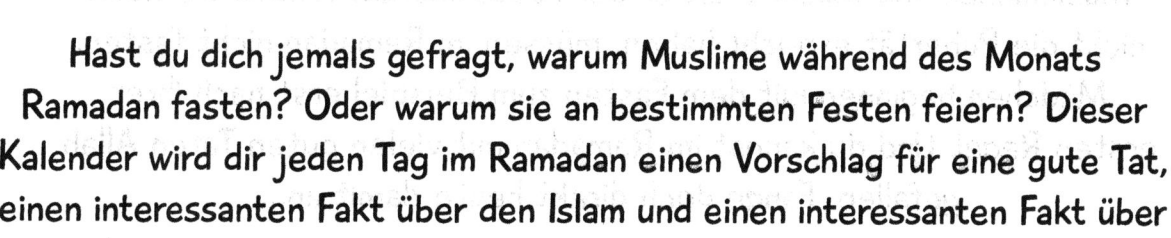

Hast du dich jemals gefragt, warum Muslime während des Monats Ramadan fasten? Oder warum sie an bestimmten Festen feiern? Dieser Kalender wird dir jeden Tag im Ramadan einen Vorschlag für eine gute Tat, einen interessanten Fakt über den Islam und einen interessanten Fakt über den Ramadan, muslimische Feste und die fünf Säulen des Islam zeigen.

Die fünf Säulen des Islam sind wichtige Pflichten für Muslime. Sie umfassen das Glaubensbekenntnis, das Gebet, das Fasten während des Monats Ramadan, das Almosen geben und die Pilgerfahrt nach Mekka. Wir werden jeden Tag im Kalender etwas über eine dieser Säulen lernen.

Also, bereite dich auf eine spannende Reise durch den Ramadan vor und lerne mehr über den Islam, während du gute Taten tust und neue Dinge entdeckst!

Tag 1

Über den Ramadan, muslimische Feste und die fünf Säulen

Der Ramadan ist der neunte Monat im Islamischen Kalender. Für alle Musliminnen und Muslime ist er der Fastenmonat. Kinder, die noch nicht die Pubertät erreicht haben, müssen im Ramadan nicht fasten. Mädchen beginnen mit dem Fasten zum Beispiel erst nach ihrer ersten Regel. Und du kannst im Ramadan mit vielen guten Taten Allah gefallen. Fange doch direkt heute damit an...

Lerne den Islam besser kennen

Der Islam ist einer der fünf größten Religionen auf dieser Erde. Die vier weiteren Weltreligionen heißen Christentum, Buddhismus, Hinduismus und Judentum. Es gibt aber auch noch weitere Religionen wie etwa Daoismus, Shinto, Voodoo oder Sikhismus.

Deine gute Tat des Tages

Heute beginnt der Ramadan. Und damit alle wissen, dass eure Familie sich gerade im Fastenmonat befindet, auch deine christlichen Freunde: Bastele oder male doch am besten ein schönes, buntes Schild. So werden eure Besucher direkt an der Haustür mit einem „Willkommen im Ramadan" begrüßt.

 ## Hast du heute gefastet? Wie hat sich das Fasten heute für dich angefühlt?

_____

_____

_____

_____

Was war dein Highlight des Tages?

_____

_____

_____

_____

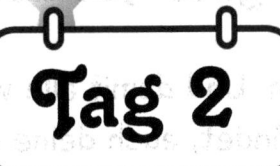

Tag 2

Über den Ramadan, muslimische Feste und die fünf Säulen

Erwachsene Muslime widmen sich im Ramadan besonders ihrem Glauben, denken über ihn nach, um Gott, Allah, besonders nah zu kommen. Alte und kranke Menschen müssen wie Kinder ebenfalls nicht fasten. Auch schwangere Frauen oder Mütter, die ihr Baby noch stillen, sind vom Fasten befreit.

Lerne den Islam besser kennen

Auf der Erde leben etwa acht Milliarden Menschen. Ungefähr zwei Milliarden davon gehören dem Islam an. Also etwa jeder vierter Mensch der Weltbevölkerung bekennt sich zum Islam.

Deine gute Tat des Tages

Im Ramadan werden in vielen Ländern die Häuser der fastenden Menschen geschmückt. In dieser Zeit geht es besonders festlich zu, auch schon vor dem eigentlichen Fest des Fastenbrechens. Hilf mit, euer Haus im Ramadan etwas gemütlicher zu machen. Du kannst Girlanden benutzen oder eine Ramadan-Laterne basteln. Oder du gestaltest eine kleine Moschee nach.

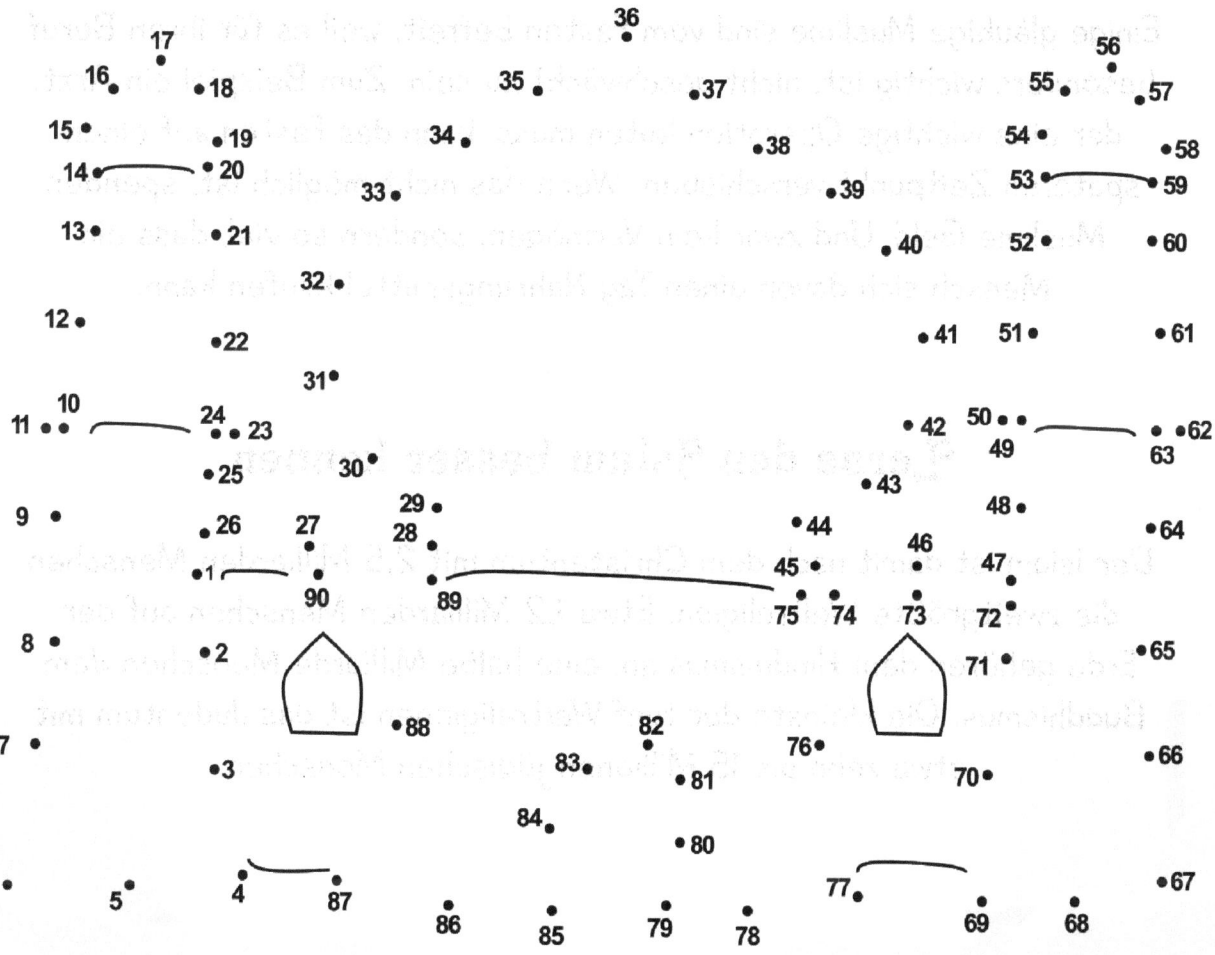

Tag 3

Über den Ramadan, muslimische Feste und die fünf Säulen

Einige gläubige Muslime sind vom Fasten befreit, weil es für ihren Beruf besonders wichtig ist, nicht geschwächt zu sein. Zum Beispiel ein Arzt, der eine wichtige Operation leiten muss, kann das Fasten auf einen späteren Zeitpunkt verschieben. Wenn das nicht möglich ist, spenden Muslime Geld. Und zwar kein Vermögen, sondern so viel, dass ein Mensch sich davon einen Tag Nahrungsmittel kaufen kann.

Lerne den Islam besser kennen

Der Islam ist damit nach dem Christentum mit 2,5 Milliarden Menschen die zweitgrößte Weltreligion. Etwa 1,2 Milliarden Menschen auf der Erde gehören dem Hinduismus an, eine halbe Milliarde Menschen dem Buddhismus. Die kleinste der fünf Weltreligionen ist das Judentum mit etwa zehn bis 15 Millionen jüdischen Menschen.

Deine gute Tat des Tages

Der Ramadan ist der Fastenmonat. Aber Kinder müssen noch nicht fasten. Du kannst es aber üben! Ein Fasten, das du auch schaffst, ist zum Beispiel: Versprich deinen Eltern, dass du im Ramadan ganz auf Süßigkeiten verzichtest, bis ihr gemeinsam das Zuckerfest feiert. Wenn du es dir zutraust, kannst du natürlich auch probieren, an einem Wochenende mit deinen Eltern zu fasten. Zum Beispiel einen halben Tag oder bis zum Abendbrot.

Wofür bist du heute dankbar?

_____

_____

_____

_____

Was hast du heute gelernt?

_____

_____

_____

_____

Tag 4

Über den Ramadan, muslimische Feste und die fünf Säulen

Was bedeutet eigentlich Fasten? Muslime dürfen von der Morgendämmerung, dem Sonnenaufgang, bis zum Sonnenuntergang keine Nahrung zu sich nehmen. Sie hungern dann und nehmen auch keine Flüssigkeit zu sich. Ebenso verzichten sie auf andere Genussmittel, wie zum Beispiel das Rauchen von Tabak.

Lerne den Islam besser kennen

Christentum, Judentum und der Islam zählen zu den abrahamitischen Religionen und sind miteinander verwandt. Alle drei haben eine Gemeinsamkeit: Sie sind monotheistisch. Das bedeutet, sie erkennen nur einen allumfassenden Gott an.

Deine gute Tat des Tages

Für eine gute Tat benötigst du kein Geld oder brauchst dafür besonders viel Zeit. Es reichen im Ramadan auch schon kleine Gesten. Bevor du dir heute Abend die Zähne putzt und ins Bett gehst, sage deinen Eltern einfach, wie lieb du sie hast, dass du sie im Ramadan beim Fasten unterstützen möchtest und wünsche ihnen eine gute Nacht.

Tag 5

Über den Ramadan, muslimische Feste und die fünf Säulen

Du hast schon gelernt, dass sich der Ramadan nach dem Islamischen Kalender, besser gesagt: nach dem Mondkalender richtet. Dort dauert ein Jahr nur 354 Tage und nicht wie beim Gregorianischen Kalender, dem Sonnenkalender, 365 Tage.

Lerne den Islam besser kennen

Dass der Islam eine monotheistische Religion ist, erkennen wir auch am Wort selbst. Islam ist arabisch und bedeutet so viel wie „sich hingeben" oder „sich unterwerfen" — etwas freier übersetzt bedeutet Islam: „Hingabe an Gott".

Deine gute Tat des Tages

Gerade jetzt, wo der Ramadan in den nächsten Jahren eher im Frühling stattfindet, ist eine gute Gelegenheit, um dein Fahrrad auf Vordermann zu bringen und zu putzen. Fang mit dem Fahrradrahmen an, putze auch die Speichen blitzeblank. Du brauchst dafür nur einen alten Lappen. Überprüfe auch, ob deine Klingel und vor allem dein Licht funktioniert. Deinen Vater kannst du fragen, ob er dir hilft, die Kette etwas zu ölen.

 ## Was war heute deine größte Herausforderung?

_____

_____

_____

_____

 ## Wie hast du heute eine gute Tat vollbracht?

_____

_____

_____

_____

Über den Ramadan, muslimische Feste und die fünf Säulen

Weil sich der Ramadan also am Mondkalender orientiert, beginnt er in jedem neuen Jahr elf Tage früher. Denn 365 minus 354 sind elf. Also findet der Ramadan über viele Jahre immer zu anderen Jahreszeiten statt. Mal im Winter, dann im Herbst, später im Sommer und auch im Frühling. Es dauert 33 Jahre, bis der Ramadan alle vier Jahreszeiten und somit ein ganzes Jahr durchlaufen hat.

Lerne den Islam besser kennen

Ein Mann, der dem Islam angehört, nennt sich Muslim. Eine Frau, die dem Islam angehört, ist eine Muslima. Übersetzt bedeutet Muslim und Muslima, „der/die sich Gott unterwirft". Die Mehrzahl von Muslim lautet Muslime oder in Deutschland auch Moslems. Mehrere Frauen, die dem Islam angehören, nennen wir Muslimas oder Musliminnen.

Deine gute Tat des Tages

Du hast in der Schule sicherlich einige Freunde, mit denen du sehr oft spielst. Aber vielleicht gibt es ja auch Kinder, die in den Pausen öfter alleine sind. Frag doch heute in der großen Pause eine Mitschülerin oder einen Mitschüler, ob ihr zusammen spielen sollt? Damit machst du einem anderen Kind, was nicht so viele Freunde hat, eine Freude.

One Dot to Dot

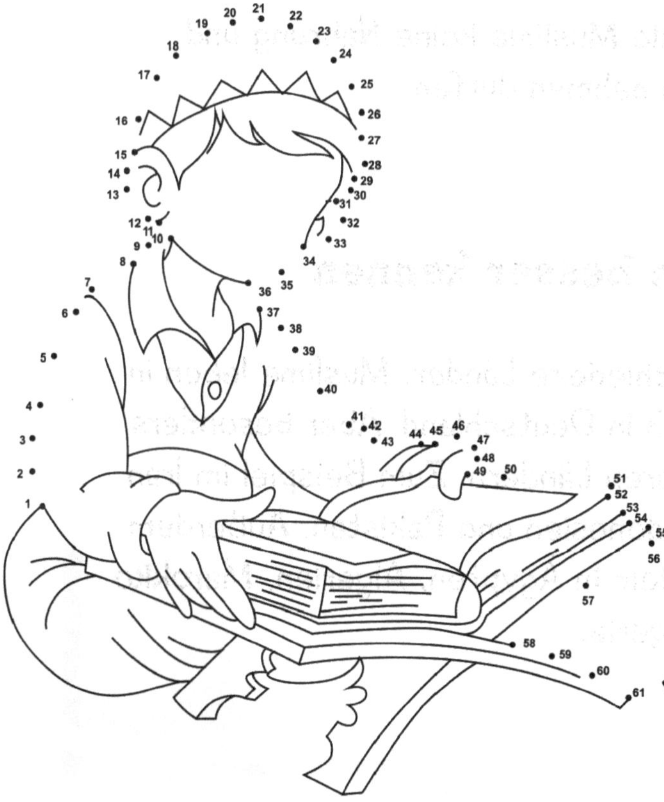

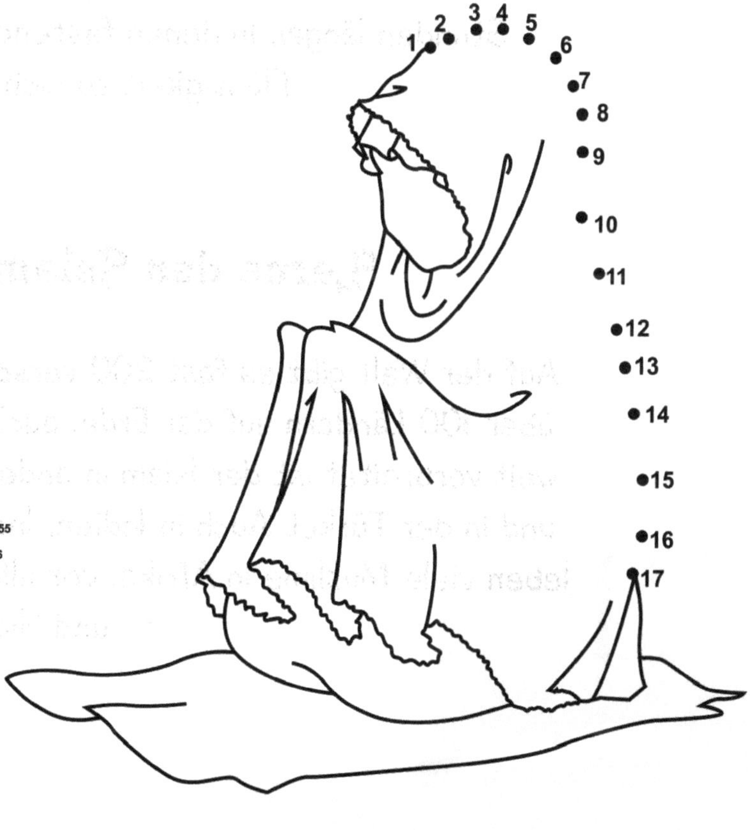

Tag 7

Über den Ramadan, muslimische Feste und die fünf Säulen

Wenn der Ramadan in den Sommer fällt, ist der Fastenmonat für Muslime besonders schwer. Denn im Sommer geht die Sonne besonders früh auf und sehr spät erst unter. Also dauert es mehrere Stunden länger, in denen fastende Muslime keine Nahrung und Flüssigkeit zu sich nehmen dürfen.

Lerne den Islam besser kennen

Auf der Welt gibt es fast 200 verschiedene Länder. Muslime leben in über 100 Ländern auf der Erde, auch in Deutschland. Aber besonders weit verbreitet ist der Islam in anderen Ländern. Zum Beispiel im Iran und in der Türkei. Auch in Indien, Indonesien und Pakistan. Außerdem leben viele Muslime in Afrika, vor allem in Ägypten, Algerien, Marokko und Nigeria.

Deine gute Tat des Tages

Wenn du selbst glücklich und zufrieden bist, ist es viel einfacher, anderen Menschen ein Lächeln ins Gesicht zu zaubern und ihnen eine Freude zu machen. Überlege dir heute, welche fünf Dinge dich besonders glücklich machen und warum? Oder wofür du besonders dankbar bist. Schreibe sie auf einen kleinen Zettel, erinnere dich während des Ramadans regelmäßig daran. Du kannst den Zettel auch deinen Eltern zeigen.

Was war heute dein Lieblingsmoment?

_____

_____

_____

Wie hast du heute deine Gefühle ausgedrückt?

_____

_____

_____

Tag 8

Über den Ramadan, muslimische Feste und die fünf Säulen

Der Ramadan beginnt traditionell, wenn nach dem Neumond die Mondsichel das erste Mal wieder am Himmel zu sehen ist. Es ist der Zeitraum, an dem dem Propheten Mohammed auch der Erzengel Gabriel das erste Mal erschienen ist und Mohammed darauf hin das Wort Allahs predigte und den Islam gründete. Dies soll in der 27. Nacht des Ramadan passiert sein. Daran erinnern Muslime während des Fastenmonats.

Lerne den Islam besser kennen

Du hast schon gelernt, dass der Islam eine monotheistische Religion ist. Den Gott, den die Muslime verehren, nennen sie Allah. Im Islam ist das der Eigenname für Gott. So wie dein Vorname. Aber Allah ist ebenso das allgemeine Wort für Gott in der arabischen Sprache. Deswegen sprechen auch arabische Christen von Allah — und so wird Gott auch in arabischen Bibeln übersetzt.

Deine gute Tat des Tages

Ganz bestimmt hast du in der Familie auch Verwandte, die nicht in eurer Stadt wohnen, sondern viel weiter weg. Vielleicht ja sogar in einem anderen Land. Überlege dir, bei wem du dich melden kannst und wer sich sicherlich über einen Anruf von dir freuen wird. Deine Eltern helfen dir bestimmt beim Telefonieren. Und dann erzähle deinem Gegenüber, wie es dir und deiner Familie gerade im Ramadan ergeht.

Tag 9

Über den Ramadan, muslimische Feste und die fünf Säulen

Während des Ramadan beginnt der Tag für Menschen mit muslimischem Glauben also sehr früh. Denn nur bis zur Morgendämmerung dürfen sie etwas essen. Wichtig ist auch, dass sie nach dem Sonnenuntergang, nachts oder in der Frühe besonders viel trinken.

Lerne den Islam besser kennen

Der Islam wurde im siebten Jahrhundert nach Christus von Mohammed in Arabien gegründet. Ganz genau begründete Mohammed die islamische Religion zwischen 610 und 632 in den arabischen Städten Mekka und Medina.

Deine gute Tat des Tages

Im Haushalt gibt es immer jede Menge zu tun. Dabei möchtest du heute helfen. Zum Beispiel kannst du die Spülmaschine aus- und das Geschirr und Besteck einräumen. Oder du schnappst dir den Staubsauger und saugst das Wohnzimmer. Du kannst aber auch Ordnung im Flur schaffen. Denn im Eingangsbereich der Wohnung, wo alle Familienmitglieder ein- und ausgehen, ist es immer besonders schnell unordentlich.

 ## Welche Ziele hast du heute erreicht?

_____

_____

_____

_____

 ## Wie hast du heute deine Zeit verbracht?

_____

_____

_____

_____

Über den Ramadan, muslimische Feste und die fünf Säulen

An jedem Abend des Ramadan brechen Muslime das Fasten nach Sonnenuntergang. Traditionell gibt es dann zum Beispiel getrocknete Datteln und Milch. Viele essen beides auch als Suppe. So soll schon der Prophet Mohammed das Fasten gebrochen haben. Denn Datteln sind nicht nur sehr gesund, sondern bieten auch jede Menge Energie.

Lerne den Islam besser kennen

Mohammed (oder auch: Muhammad) gilt im Islam als Prophet und Gesandter Gottes, also Allahs. Weil er den Islam gründete, gilt er als sogenannter Religionsstifter des Islams. So wie Jesus Christus der Religionsstifter für das Christentum war.

Deine gute Tat des Tages

Ganz egal, was du heute sonst noch so für Pläne hast – einen Plan solltest du dir als gute Tat vornehmen: Bestimmt hast du in der Schule einen besonders guten Lehrer oder eine richtig nette Lehrerin. Wenn es heute zur Pause schellt, mache ihm oder ihr ein Kompliment dafür und sage ihnen, dass du sie gerne als Lehrer hast.

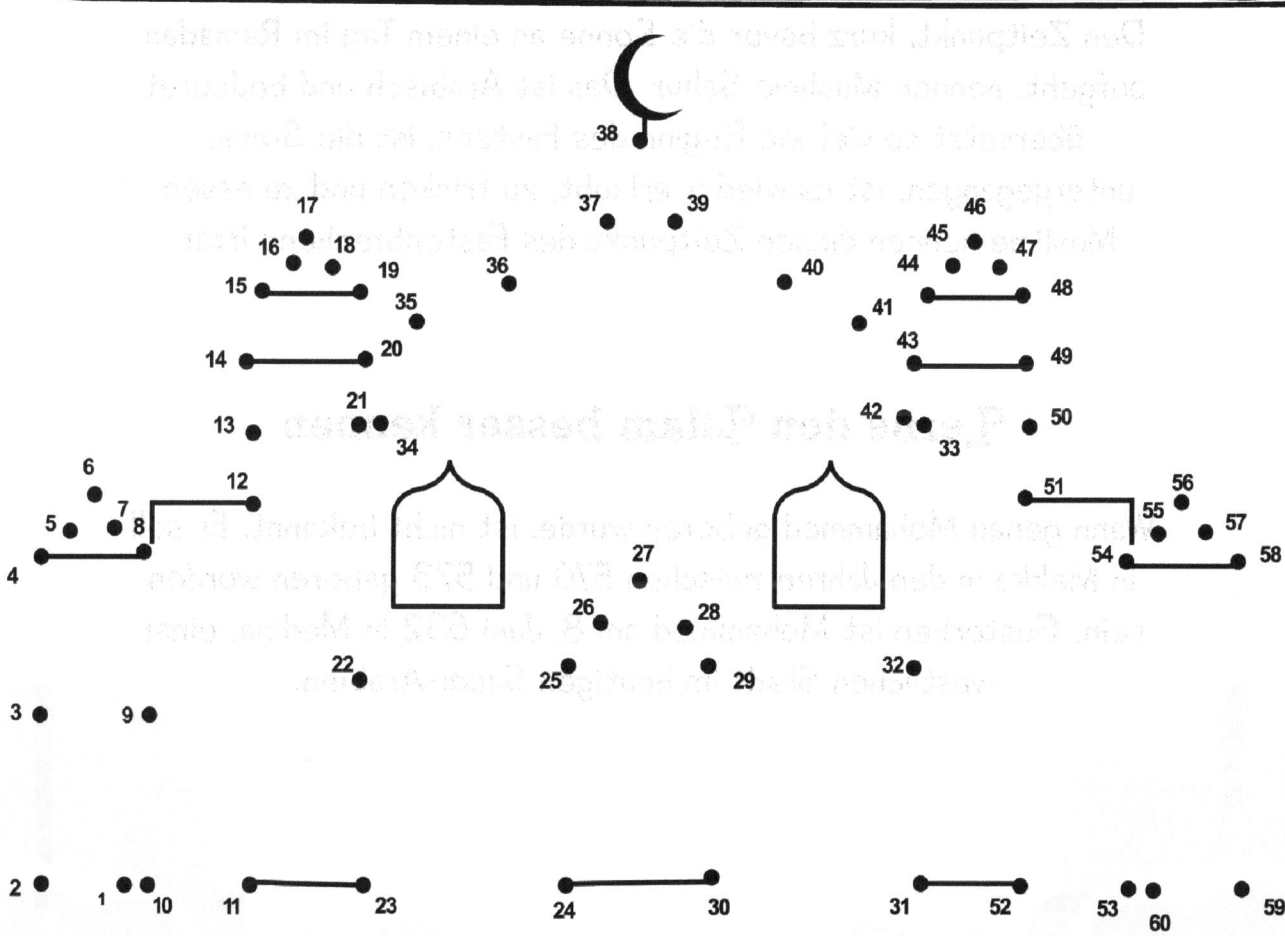

Tag 11

Über den Ramadan, muslimische Feste und die fünf Säulen

Den Zeitpunkt, kurz bevor die Sonne an einem Tag im Ramadan aufgeht, nennen Muslime Sahur. Das ist Arabisch und bedeutet übersetzt so viel wie Beginn des Fastens. Ist die Sonne untergegangen, ist es wieder erlaubt, zu trinken und zu essen. Muslime nennen diesen Zeitpunkt des Fastenbrechens Iftar.

Lerne den Islam besser kennen

Wann genau Mohammed geboren wurde, ist nicht bekannt. Er soll in Mekka in den Jahren zwischen 570 und 573 geboren worden sein. Gestorben ist Mohammed am 8. Juni 632 in Medina, einer westlichen Stadt im heutigen Saudi-Arabien.

Deine gute Tat des Tages

Heute ist ein guter Tag für eine ganz besonders gute Tat. Verabrede dich mit ein, zwei oder drei Freunden. Gemeinsam schnappt ihr euch einen großen Müllbeutel und haltet in eurer Straße Ausschau nach Dingen, die Menschen einfach sorglos weggeworfen haben. Helft dabei, eure Straße, den Wegrand oder den Grünstreifen und die Straßenbeete ein wenig sauber zu halten. Darüber freuen sich auch alle anderen Bewohner in eurer Straße.

 ## Was würdest du gerne morgen machen?

_____

_____

_____

_____

 ## Hast du heute gefastet? Wie hat sich das Fasten heute für dich angefühlt?

_____

_____

_____

_____

Tag 12

Über den Ramadan, muslimische Feste und die fünf Säulen

Du hast schon gelernt, dass im Fastenmonat Ramadan Gutes getan werden soll. Wenn der Fastenmonat sich dem Ende entgegen neigt, spenden viele Muslime einen kleinen Geldbetrag. Nämlich so viel, dass ein armer Mensch später auch das Fest des Fastenbrechens genießen kann. Diese Spende heißt im Islam Zakat ul-Fitr.

Lerne den Islam besser kennen

In Medina leben heute fast 1,5 Millionen Menschen. Dort befindet sich auch die Prophetenmoschee mit dem Grab von Mohammed. In Mohammeds Geburtsstadt Mekka leben heute sogar etwa zwei Millionen Menschen. Dort steht die Heilige Moschee, die größte Moschee der Welt.

Deine gute Tat des Tages

Du hast gestern erst gelernt, was Sahur und Iftar bedeuten. Deswegen kannst du heute deine Eltern dabei unterstützen, das Fastenbrechen Iftar vorzubereiten. Denn ganz so spät geht die Sonne ja noch nicht unter. Falls du am anderen Morgen zur Schule und deswegen früh aufstehen musst, kannst du diese gute Tat auch auf das Wochenende verlegen.

Deine gute Tat des Tages

Tag 13

Über den Ramadan, muslimische Feste und die fünf Säulen

Der Fastenmonat Ramadan dauert insgesamt 29 oder 30 Tage lang. Wie du schon gelernt hast, wird er mit einem ganz besonderen Fest beendet: dem Fest des Fastenbrechens. Auf Arabisch heißt es Eid al-Fitr oder Id al-Fitr. Viele Muslime, besonders türkische, nennen es auch Zuckerfest oder auf türkisch Şeker Bayrami.

Lerne den Islam besser kennen

Eine Moschee ist das Gebetshaus der Muslime, so wie es die Kirche für die Christen ist. Masgid ist das arabische Wort für Moschee, und es bedeutet „Ort der Niederwerfung". So wie du schon gelernt hast, dass das Wort Islam „sich Gott unterwerfen" meint.

Deine gute Tat des Tages

Jeden Tag kommt jemand an eurem Haus vorbei und arbeitet hart. Hast du erraten, wen wir meinen? Richtig! Die Postbotin oder den Paketboten. Biete ihr oder ihm doch beim nächsten Mal etwas zu trinken an, falls er kein Muslim ist. Auf jeden Fall kannst du dich für die tägliche Arbeit bedanken. Und falls du zu der Uhrzeit in der Schule bist, warte den Samstag ab, wenn du selbst auch zu Hause bist. Denn dann kommt ja auch die Post.

 # Was war dein Highlight des Tages?

_____

_____

_____

_____

Wofür bist du heute dankbar?

_____

_____

_____

_____

Tag 14

Über den Ramadan, muslimische Feste und die fünf Säulen

Damit auch wirklich alle gläubigen Muslime, auch die ärmeren, das Zuckerfest genießen können, hilft — wie du gelernt hast — die Spende Zakat ul-Fitr. Denn nach dem Ramadan wird gefeiert. Mit vielen süßen Leckereien und kulinarischen Spezialitäten des jeweiligen Landes. Und insgesamt drei Tage lang.

Lerne den Islam besser kennen

In einer Moschee wird aber mehr als nur im großen Gebetsraum gebetet. Sie ist ein Treffpunkt für alle Muslime und auch für Nicht-Muslime außerhalb der Gebete. Für Gespräche oder zum Lernen oder einfach, um Ruhe zu finden. Du erkennst eine Moschee schon von Weitem an ihren hohen, schmalen Türmen. Diese heißen Minaretten.

Deine gute Tat des Tages

Vielleicht habt ihr in eurer Familie ja auch Haustiere. Allah liebt alle Geschöpfe auf der Erde. Also kannst du ihnen heute auch etwas Gutes tun. Du kannst deine Haustiere füttern, ihren Stall sauber machen und mit ihnen spielen. Falls ihr kein eigenes Haustier habt, frage doch einen Nachbarn, ob du seinen Hund Gassi führen oder mit der Katze spielen darfst.

Tag 15

Über den Ramadan, muslimische Feste und die fünf Säulen

Am ersten Tag des Zuckerfestes treffen sich Muslime in der Moschee zum gemeinsamen Gebet. Sie bitten Allah darum, sie zu segnen und ihre Sünden zu verzeihen. Sie danken Allah auch dafür, dass sie die anstrengende Zeit des Fastens geschafft haben und dass er ihre Mühen annehmen möge.

Lerne den Islam besser kennen

Wenn Muslime gemeinsam beten, gibt es einen Vorbeter. Muslime nennen ihn den Imam. Der Imam steht mit dem Rücken zu den Betenden. Das ist nicht unhöflich, sondern liegt daran, dass alle Muslime mit dem Gesicht nach Mekka gerichtet beten. Du weißt schon: Mekka ist die Geburtsstadt des Propheten Mohammed.

Deine gute Tat des Tages

Heute ist bereits der 15. Tag im Ramadan. Und damit ist die Hälfte des Fastenmonats schon vorbei. Für deine gute Tat musst du dich heute vorbereiten – und besonders früh den Wecker stellen. Dann kannst du vor der Morgendämmerung deinen Eltern dabei helfen, das gemeinsame Frühstück vorzubereiten. Vielleicht deckst du schon einmal den Tisch?

Was hast du heute gelernt?

_____

_____

_____

Was war heute deine größte Herausforderung?

_____

_____

_____

_____

Tag 16

Über den Ramadan, muslimische Feste und die fünf Säulen

Zum Fest des Fastenbrechens nach dem Ramadan ziehen sich muslimische Gläubige besonders hübsch an. Sie besuchen auch Familienangehörige und Freunde oder gedenken den verstorbenen Verwandten auf dem Friedhof. Außerdem schmücken sie ihre Häuser. Und Kinder bekommen Geschenke. Id al-Fitr ähnelt also sehr dem christlichen Weihnachtsfest.

Lerne den Islam besser kennen

Der Imam betet in einer Moschee in die sogenannte Gebetsnische. Sie ist also nach Mekka ausgerichtet. Während des Gebets nimmt der Imam verschiedene Körperhaltungen ein — und die Mitbetenden folgen ihm.

Deine gute Tat des Tages

Du musst den Koran noch gar nicht kennen. Das ist nicht schlimm, denn Allah hat immer ein offenes Ohr. Weil jetzt die zweite Hälfte des Ramadan angebrochen ist, kannst du vor dem Schlafengehen leise zu Allah beten und dich dafür bedanken, dass er deine Eltern beim Fasten unterstützt und ihnen den Glauben dafür schenkt.

Tag 17

Über den Ramadan, muslimische Feste und die fünf Säulen

Außer den Ramadan feiern Muslime noch viele weitere Feste. Das wichtigste davon heißt auf Arabisch Id al-Adha, das Opferfest. Im Islam ist das Opferfest der höchste Feiertag, der drei Tage lang andauert. So wie Christen es an Weihnachten tun, beschenken sich Muslime auch hier gegenseitig und feiern mit der Familie.

Lerne den Islam besser kennen

Ein Gebet im Islam beginnt in der Regel im Stehen, danach knien Muslime nieder und beugen sich schließlich so weit nach vorne, bis sie mit ihrer Stirn den Boden berühren. Vor allem zum gemeinsamen Freitagsgebet treffen sich viele Muslime in der Moschee.

Deine gute Tat des Tages

Gibt es in deiner Familien gerade einen Menschen, der krank ist oder der alleine wohnt? Oder jemanden, den du besonders gerne hast? Dann plane doch heute einen Besuch. Vielleicht bastelst oder malst du für diesen Menschen auch etwas, um ihm eine kleine Freude zu bereiten. Sicherlich freuen sich Oma oder Opa immer darüber, wenn sie Besuch bekommen. Ganz besonders, wenn sie gar nicht damit rechnen und du sie überraschst.

 ## Wie hast du heute eine gute Tat vollbracht?

_____

_____

_____

_____

Was war heute dein Lieblingsmoment?

_____

_____

_____

_____

Tag 18

Über den Ramadan, muslimische Feste und die fünf Säulen

Der besondere Tag, das Lichterfest Mevlid Kandili zu Ehren des Geburtstages Mohammeds, wird in vielen Ländern dieser Welt ganz unterschiedlich gefeiert. In Nordafrika, zum Beispiel in Ägypten, bekommen Kinder Süßigkeiten. In anderen Ländern werden in der Moschee besonders viele Kerzen angezündet. Und überall wird gesungen und aus dem Koran vorgelesen.

Lerne den Islam besser kennen

Der Islam wird auch als Buchreligion oder Schriftreligion bezeichnet. Denn er besitzt eine Heilige Schrift. Sie wird Koran genannt. Muslime verstehen den Koran als die Botschaft von Allah. Allahs Botschaften werden auch Offenbarungen genannt.

Deine gute Tat des Tages

Oft sind es die kleinen Dinge im Alltag, über die sich jeder freut. Vielleicht fährst du mit dem Bus zur Schule. Dann biete doch jemand anderem deinen Platz an. Oder halte anderen Mitschülern oder Lehrern die Tür auf und lasse ihnen den Vortritt. Schenke allen dabei ein Lächeln und sie werden sich garantiert darüber freuen.

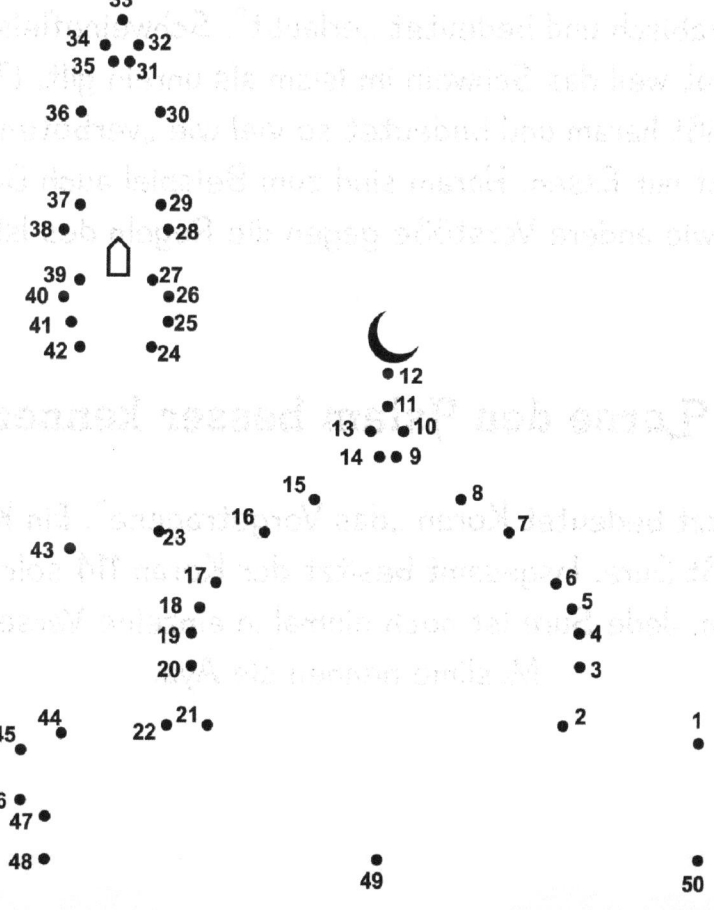

Tag 19

Über den Ramadan, muslimische Feste und die fünf Säulen

Auch außerhalb des Ramadan ist Muslimen nicht alles Essen erlaubt. Halal ist Arabisch und bedeutet „erlaubt". Schweinefleisch etwa gilt als nicht halal, weil das Schwein im Islam als unrein gilt. Das Gegenteil von halal heißt haram und bedeutet so viel wie „verboten". Doch dazu gehört nicht nur Essen. Haram sind zum Beispiel auch Beleidigungen sowie andere Verstöße gegen die Regeln des Islam.

Lerne den Islam besser kennen

Übersetzt bedeutet Koran „das Vorgetragene". Ein Kapitel im Koran heißt Sure. Insgesamt besitzt der Koran 114 solcher Kapitel, also Suren. Jede Sure ist noch einmal in einzelne Verse unterteilt. Muslime nennen sie Aya.

Deine gute Tat des Tages

Bist du zuletzt gewachsen und hast dich geärgert, dass dir dein Lieblings-T-Shirt, eine Jeans oder ein Kleid langsam zu klein wird? Schau doch in den Kleiderschrank nach Anziehsachen, die dir nicht mehr oder kaum noch gut passen. Lass dir dabei von deiner Mama helfen. Packt die Sachen dann in eine Plastiktüte und bringt sie zu einem Altkleidercontainer, von denen sicher einer auch in deiner Nähe steht. Ärmere Kinder werden sich darüber freuen. Falls nichts Passendes dabei sein sollte: Du könntest auch mal wieder deine Schuhe putzen.

Wie hast du heute deine Gefühle ausgedrückt?

_____

_____

_____

Welche Ziele hast du heute erreicht?

_____

_____

_____

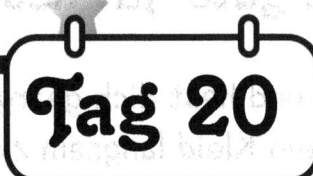

Tag 20

Über den Ramadan, muslimische Feste und die fünf Säulen

Du hast schon gelernt, dass der Ramadan der Fastenmonat im Islam ist. Fasten heißt im Arabischen Saum. Saum ist eine der fünf Säulen des Islam. Mit Säulen sind die Regeln und Gebote gemeint, nach denen sich Musliminnen und Muslime richten. Saum ist die vierte Säule des Islam.

Lerne den Islam besser kennen

Alle Suren haben einen eigenen Namen. Die erste Sure heißt aus dem Arabischen übersetzt „die Eröffnende", Al-Fatiha. Muslime sprechen sie in jedem Gebet. Die beiden letzten Kapitel im Koran werden vor allem gebetet, wenn muslimische Gläubige Allah um Schutz bitten.

Deine gute Tat des Tages

Bestimmt hast du dich vor einiger Zeit einmal mit einem guten Freund oder einer besten Freundin über irgendetwas gestritten, was eigentlich gar nicht so schlimm war. Es ist auch nicht wichtig, ob du Recht oder Unrecht gehabt hast. Entschuldige dich für diesen Streit und bitte um Verzeihung, falls du jemanden geärgert oder schlecht über ihn geredet hast.

Tag 21

Über den Ramadan, muslimische Feste und die fünf Säulen

Die vier anderen Gebote, also Säulen des Islam, heißen Schahada, Salat, Zakat und Hadsch. Für Gläubige gelten dazu noch weitere Regeln und Gebote im Alltag. Zum Beispiel sollen Kinder ihre Eltern immer respektvoll behandeln. Es ist verboten, über andere Menschen schlecht zu reden oder sie schlecht zu behandeln. Kranke Menschen sollen besucht werden.

Lerne den Islam besser kennen

113 der 114 Suren des Koran beginnen immer mit folgenden Worten, die Basmallah genannt werden: Im Namen Gottes, des Erbarmers, des Barmherzigen. Im Arabischen heißt das: „Bismillah ar-Rahman ar-Rahim". Bei der neunten Sure ist dies als Ausnahme nicht der Fall. Deswegen sind sich Gläubige nicht einig, ob diese Sure noch zur achten gehört.

Deine gute Tat des Tages

Sicherlich müssen deine Eltern vor dem Zuckerfest noch jede Menge Einkäufe erledigen für die vielen Köstlichkeiten beim Fest des Fastenbrechens. Biete ihnen deswegen heute oder in den nächsten Tagen deine Hilfe dafür an. Begleite sie in den Supermarkt, schiebe den Einkaufswagen und wünsche der Kassiererin oder dem Kassierer am Ende einen schönen Tag. Denn das ist ein anstrengender Beruf.

 ## Wie hast du heute deine Zeit verbracht?

_____

_____

_____

_____

 ## Was würdest du gerne morgen machen?

_____

_____

_____

_____

Über den Ramadan, muslimische Feste und die fünf Säulen

Schahada ist die erste Säule des Islam. Es ist das arabische Wort für Glaubensbekenntnis. Die Schahada ist damit die Grundlage für gläubige Musliminnen und Muslime. Sie wird in den täglichen Gebeten gesprochen.

Lerne den Islam besser kennen

In den Suren des Koran stehen Botschaften von Allah. Sie wurden niedergeschrieben, als der Prophet Mohammed im Jahr 632 starb, damit sie nicht in Vergessenheit geraten. Denn Mohammed begegnete, als er etwa 40 Jahre alt war, das erste Mal dem Erzengel Gabriel und empfing von ihm Allahs Botschaften etwa 20 Jahre lang. Muslime nennen Gabriel Dschibril.

Deine gute Tat des Tages

Überlege dir heute, welchen drei Menschen du eine besondere Freude machen kannst. Schreibe ihnen einen kurzen Brief oder eine Postkarte oder male dich mit diesem Menschen. Danach schnappst du dir dein Fahrrad und wirfst deine Post in deren Briefkästen. Bestimmt werden sie sich darüber sehr freuen und sich sogar bei dir melden, um sich zu bedanken. Falls sie zu weit weg wohnen, kannst du die Post natürlich auch verschicken. Mama oder Papa helfen dir dabei.

Tag 23

Über den Ramadan, muslimische Feste und die fünf Säulen

Die Schahada ist sehr kurz und lautet übersetzt etwa so: „Ich bezeuge, dass es keine Gottheit gibt, nur und einzig Allah. Und ich bezeuge, Mohammed ist der Gesandte Allahs." Wie du mittlerweile schon gelernt hast, ist der Islam eine monotheistisch Religion. Der Islam erkennt nur einen allumfassenden Gott an. Das bedeutet der erste Satz.

Lerne den Islam besser kennen

Dschibril überbrachte Mohammed bis zu dessen Tod die Botschaft Gottes, Allahs. Und der Prophet lebte nach diesen Worten — und er lebte sie anderen Menschen auch vor. Mohammed galt als freundlicher und sehr bescheidener Mann. Er und sein Handeln ist für alle Muslime ein Vorbild.

Deine gute Tat des Tages

Wenn du mit deinen Eltern durch die Fußgängerzone schlenderst, triffst du auf viele Menschen, die du nicht kennst. Straßenmusiker zum Beispiel, vielleicht einen Obdachlosen. Oder jemanden, der vom Einkaufen gestresst wirkt. Gehe auf einen dieser Menschen zu, traue dich ruhig und wünsche ihm einen guten Tag.

 ## Hast du heute gefastet? Wie hat sich das Fasten heute für dich angefühlt?

_____

_____

_____

_____

Was war dein Highlight des Tages?

_____

_____

_____

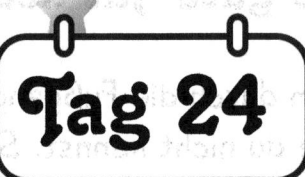

Tag 24

Über den Ramadan, muslimische Feste und die fünf Säulen

Mit dem zweiten Satz der Schahada bekennen sich Muslime zu Mohammed als Vorbild allen Handelns. Er hat als Gesandter Allahs den Menschen gelehrt, wie sie anständig leben — nach den Geboten des Islam.

Lerne den Islam besser kennen

Weil Mohammed mit seinem freundlichen Wesen bei allen Menschen beliebt war, nannten sie ihn Amin. Übersetzt bedeutet das „der Vertrauenswürdige". Deswegen beenden alle gläubigen Muslime ihre Gebete bis heute mit einem „Amin": Allah möge ihnen vertrauen und ihr Gebet annehmen.

Deine gute Tat des Tages

Fasten bedeutet, Verzicht zu üben. Da Kinder im Ramadan noch nicht fasten müssen, überlege dir, auf was du heute oder vielleicht sogar die ganze letzte Woche im Ramadan verzichten willst. Du kannst zum Beispiel dein Handy oder das Tablet für einige Zeit ausschalten. Oder auf deine Konsole verzichten. Nimm dir stattdessen heute besonders viel Zeit für deine Geschwister, Eltern oder Freunde und spielt zusammen ein Brettspiel. Habt viel Spaß dabei, während ihr auf alle elektrischen Geräte verzichtet.

Tag 25

Über den Ramadan, muslimische Feste und die fünf Säulen

Die zweite Säule des Islam nennen Muslime Salāt. Und du hast schon viel darüber gelernt. Denn damit sind die Gebete gemeint. Übersetzt aus dem Arabischen bedeutet das Wort so viel wie „eine Verbindung aufnehmen" – wer betet, nimmt Verbindung zu Allah auf. Zu den Pflichten gläubiger Muslime gehört es, fünf Mal am Tag zu Allah zu beten.

Lerne den Islam besser kennen

Die Heilige Schrift des Koran lernen Kinder heute meist in einer Koranschule. Oft findet dieser Unterricht in einer Moschee statt. Denn nicht alle Kinder können Arabisch sprechen oder lesen. Sie lernen in der Koranschule ebenfalls viel über den Propheten Mohammed und sein Leben.

Deine gute Tat des Tages

Die letzten Tage im Ramadan sind angebrochen. Bald dürft ihr mit eurer ganzen Familie das Fest des Fastenbrechens feiern. Damit dafür alles auch wirklich hübsch und ordentlich im Haus ist, solltest du dir heute etwas Zeit nehmen und dein Zimmer aufräumen. Ordne deine Spielsachen, mache dein Bett und räume alles an seinen richtigen Platz.

Wofür bist du heute dankbar?

_____

_____

_____

_____

Was hast du heute gelernt?

_____

_____

_____

_____

Tag 26

Über den Ramadan, muslimische Feste und die fünf Säulen

Zakat wird im Islam die dritte Säule der Gebote genannt. Es bedeutet übersetzt aus dem Arabischen „Reinigung". Damit ist aber nicht etwa das Waschen gemeint, sondern vielmehr, dass Muslime ein reines Gewissen haben sollen. Dies erreichen sie durch die dritte Säule des Islam, die verlangt, den Besitz (das kann Geld sein, aber auch Essen) besser unter allen Menschen zu verteilen. Wer teilt, reinigt seinen Besitz, aber auch seine Seele.

Lerne den Islam besser kennen

In einer Koranschule lernen Kinder nicht nur, aus dem Koran zu lesen. Ihnen wird dort ebenfalls beigebracht, wie Muslime im Islam ihre Religion leben. Wie sie beten, wie sie fasten und wie sie im Alltag versuchen, immer hilfsbereit anderen Menschen gegenüber zu sein. Eben so, wie es Mohammed auch war.

Deine gute Tat des Tages

Jetzt, wo dein Kinderzimmer blitzeblank strahlt, ist dir vielleicht ja auch das eine oder andere Spielzeug aufgefallen, mit dem du gar nicht mehr oft spielst. Oder du findest ein Kuscheltier, von dem du dich trennen magst. Vielleicht schenkst du einem kleineren Kind eines deiner Spielzeuge? Das kann ein Cousin oder eine Cousine sein. Oder auch die kleine Schwester oder der kleine Bruder einer Freundin oder eines Freundes.

Tag 27

Über den Ramadan, muslimische Feste und die fünf Säulen

Hadsch – oder auch Haddsch geschrieben – ist schließlich die fünfte Säule des Islam. So wird die große Pilgerreise genannt. Erinnerst du dich noch an Mekka, dem Geburtsort des Propheten Mohammed? Dort, am Berg Hira, hat Mohammed die ersten Gebote des Koran empfangen. Deswegen gilt Mekka für Muslime als wichtigste Stadt der Welt, wohin jede Muslim ein Mal in seinem Leben pilgern möchte.

Lerne den Islam besser kennen

So wie es im Christentum die Konfessionen der römisch-katholischen, evangelischen und orthodoxen Kirche gibt, hat auch der Islam verschiedene Glaubensrichtungen. Etwa acht bis neun von zehn Muslimen sind Sunnitinnen und Sunniten. Eine andere größere Gruppe gläubiger Muslime sind Schiitinnen und Schiiten.

Deine gute Tat des Tages

Wir sollten uns auch immer an die Menschen erinnern, die nicht mehr unter uns weilen. Besuche heute einen solchen Menschen aus deiner Familie oder der Familie eines Freundes (vielleicht mit deinem Freund gemeinsam) auf dem Friedhof. Schenke ihm am Grab einen stillen Gruß und halte für ein paar Minuten inne.

 ## Was war heute deine größte Herausforderung?

_____

_____

_____

_____

 ## Wie hast du heute eine gute Tat vollbracht?

_____

_____

_____

_____

Tag 28

Über den Ramadan, muslimische Feste und die fünf Säulen

Mekka dürfen nur muslimisch gläubige Menschen betreten. Allen anderen ist der Zugang verboten. Bei der Ankunft bekleiden sich alle Pilgerinnen und Pilger mit weißen Leinentüchern und sprechen ein Bittgebet. Erst danach dürfen sie ihr wichtigstes Ziel der Pilgerreise betreten.

Lerne den Islam besser kennen

Die unterschiedlichen Glaubensrichtungen der Sunniten und Schiiten entstanden nach dem Tod des Propheten Mohammeds. Sunniten glauben, dass Abu Bakr, Umar, Uthman und Ali als vierter Kalif die Nachfolger von Mohammed seien. Sie waren schon zu dessen Lebzeiten Freunde von Mohammed.

Deine gute Tat des Tages

Heute drehst du den Spieß einfach einmal um! Denn der Ramadan und das Fasten ist für deine Eltern sehr anstrengend. Ganz besonders an den letzten Tagen. Du musst sie ja nicht gleich ins Bett bringen, aber: Vielleicht liest du ihnen vor der Mittagspause oder einem Nickerchen am Nachmittag auf dem Sofa eine Geschichte vor. Oder du denkst dir selbst eine schöne Geschichte aus. Du kannst auch mit deinen Geschwistern ein kleines Theaterstück oder alleine ein paar Witze einstudieren, das oder die du dann beim Zuckerfest vor der Familie aufführst und vorträgst.

Über den Ramadan, muslimische Feste und die fünf Säulen

Denn in Mekka steht nicht nur die al-Haram-Moschee, die größte Moschee weltweit, sondern auch in ihrem Innenhof die Kaaba. Sie gleicht einem riesigen schwarzen Würfel, etwa 13 Meter hoch, und gilt dem muslimischen Glauben nach als erstes Haus für Allah. Alle Pilgernden umkreisen die Kaaba im Innenhof der Moschee genau sieben Mal gegen den Uhrzeigersinn.

Lerne den Islam besser kennen

Schiiten sind hingegen der Ansicht, dass unbedingt ein Familienangehöriger Mohammeds rechtmäßiger Nachfolger sein sollte. Ali ibn Abu Talib (kurz: Ali) war ein Cousin und gleichzeitig Schwiegersohn des Propheten. Daher glauben Schiiten an Ali als Mohammeds Nachfolger.

Deine gute Tat des Tages

Jetzt ist es fast geschafft! Bis zum Fest des Fastenbrechens dauert es nicht mehr lange. Du kannst ein paar Überraschungen für deine Eltern und Geschwister vorbereiten. Kleine Zettel, die du jetzt überall in der Wohnung versteckst, wo sie gefunden werden können. Das muss auch gar nicht heute, morgen oder übermorgen passieren. Irgendwann. Darüber freut sich jeder. Schreib für jedes Familienmitglied auf, warum du es besonders lieb hast und was du am liebsten einmal mit ihm unternehmen möchtest. Dann habt ihr auch nach Ramadan eine schöne, gemeinsame Zeit.

 ## Was war heute dein Lieblingsmoment?

_____

_____

_____

Wie hast du heute deine Gefühle ausgedrückt?

_____

_____

_____

Tag 30

Über den Ramadan, muslimische Feste und die fünf Säulen

Am nächsten Tag ihrer Pilgerreise beten Muslime am Berg Arafat, verrichten ihr Abendgebet in Muzdalifa, bewerfen in Mina mit kleinen Steinen die Sternsäulen, ehe sie am zehnten Tag ihrer Pilgerreise das Opferfest feiern. Als fünfte Säule des Islam möchte jeder Muslim ein Mal die Hadsch, die große Pilgerfahrt nach Mekka, unternehmen. Vielleicht ja auch du eines Tages?

Lerne den Islam besser kennen

Alle Muslime glauben daran, dass eines Tages nur ihr Körper stirbt. Am Tage der Auferstehung darf ihre Seele im Paradies weiterleben, wenn sie auf der Erde wie Mohammed mit guten Absichten und Taten gelebt haben. Für ihre Fehler bitten sie Allah um Verzeihung und hoffen auf seine Gerechtigkeit.

Deine gute Tat des Tages

Der letzte Tag im Ramadan ist endlich angebrochen. Auf deine Eltern wartet besonders viel Arbeit, wenn ihr das Zuckerfest feiern wollt. Es sind eine Menge Vorbereitungen zu treffen. Als letzte gute Tat frage deine Mutter und deinen Vater heute immer wieder, bei welchen Dingen du sie unterstützen und mithelfen kannst. Dann könnt ihr morgen gemeinsam ein tolles Fest des Fastenbrechens feiern. Und es wird sich gut anfühlen, wenn du bei den Vorbereitungen mitgeholfen hast. Viel Spaß, und: Eid Mubarak!

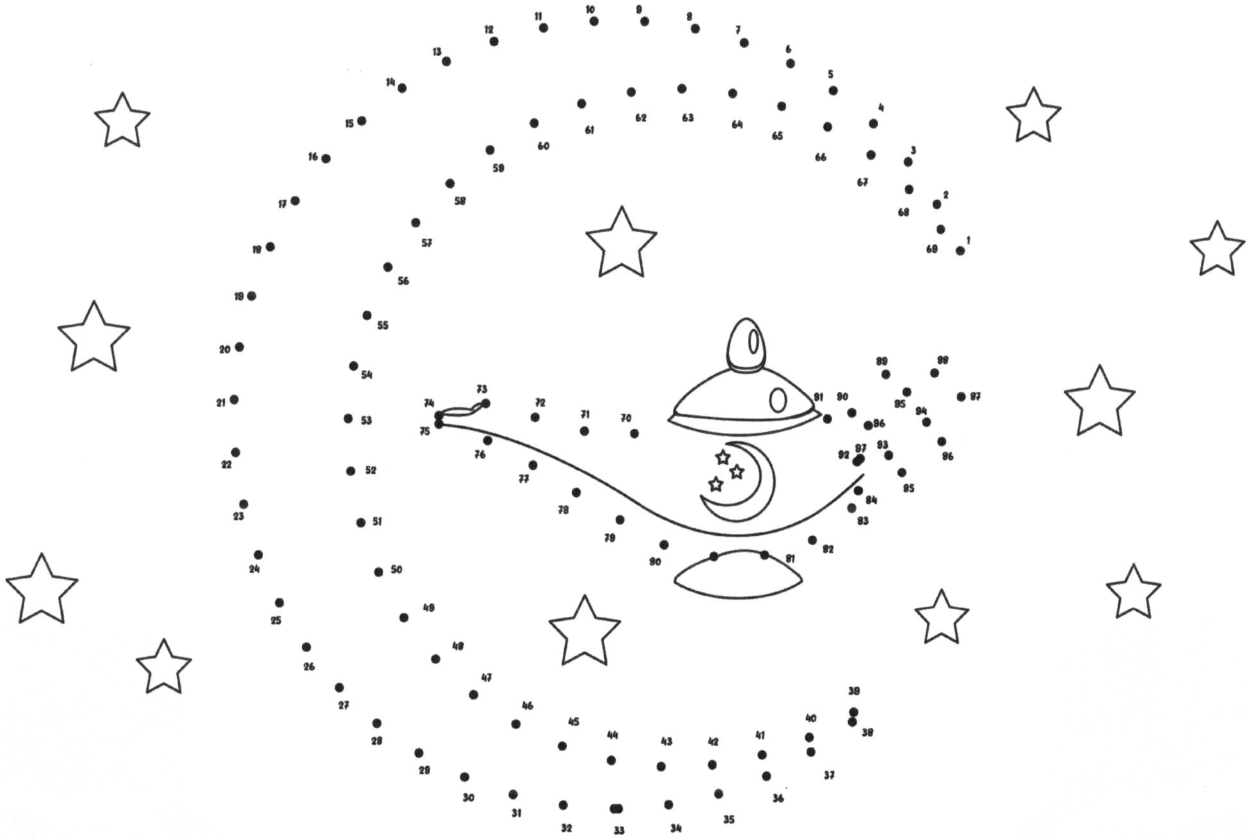

"Der Ramadan ist der Monat, in dem wir unsere Seele reinigen, indem wir uns von allem Unnötigen befreien und uns auf das Wesentliche konzentrieren."

- Muhammad ibn Abd al-Wahhab

Imprint

© Muhammad Zahra

Das Werk ist urheberrechtlich geschützt. Jede Verwendung ohne die ausschließliche Erlaubnis des Autors ist untersagt. Dies gilt insbesondere für Vervielfältigung, Verwertung, Übersetzung und die Einspeicherung und Verarbeitung in elektronischen Systemen.

Für Fragen und Anregungen:
info@dulangon-verlag.de

Originalausgabe
Erste Auflage 2023
©2023 Imprint der Dulangon LLC, St. Petersburg, US

ISBN: 978-3-910661-01-1

Redaktion: Marianne Link
Lektorat und Korrektorat: Peter Klausen
Covergestaltung: Danileoart, www.danileoart.com
Satz und Layout: Danileoart

Imprint